Höcker
6 ETAGEN
Möbel
Höcker
Höcker
HOT

Voller Freude fährt Michaela zu Beginn der 1970er-Jahre in Begleitung ihres kleinen Nachbarn Carsten ihren neuen Puppenwagen nebst Puppen auf dem Hof eines Hauses an der Mont-Cenis-Straße spazieren. In diesem geschützten Raum konnten und durften die Kleinen auch mal für kurze Zeit ohne Aufsicht spielen – was sie auch gerne, vor allem bei schönem Wetter, nutzten.

Herne

in historischen Fotografien

Sonntagsspaziergang in den 1960er-Jahren: Mutter und Sohn unterwegs im Herner Stadtgarten.

Friedhelm Wessel

Herne

in historischen Fotografien

SUTTON HEiMAT

Feiern macht hungrig – vier Frauen sorgten in den 1960er-Jahren bei einem Familienfest in Sodingen für den Mettbrötchen-Nachschub.

Vorsatz: Die Bahnhofstraße lädt auch heute noch zum Einkaufen, Verweilen und Bummeln ein. Dominiert wird diese Lebensader der Stadt von den mächtigen Türmen der katholischen Bonifatiuskirche (Mitte) und der evangelischen Kreuzkirche.
Nachsatz: Wer einst von der Mont-Cenis-Straße auf das Zechengelände in Sodingen blickte, dem prägte sich dieses Bild ein: der Springbrunnen vor den beiden Schachtgerüsten von „Mont-Cenis" 1/3. 1978 fand hier die letzte Seilfahrt statt. Nach dem Abriss und dem Rückbau entstand auf dem Areal nach Plänen französischer Architekten die bekannte NRW-Landesakademie.

Impressum

Sutton Verlag GmbH
Arnstädter Straße 8
99096 Erfurt
www.suttonverlag.de

ISBN: 978-3-96303-252-3
Druck: Florjančič Tisk d.o.o. / Slowenien
Gestaltung und Herstellung: Sutton Verlag

Inhalt

Danksagung

Mein besonderer Dank geht an meine Geschwister Walter, Lothar, Marion, Roswitha und Sigrid, an meine Schwägerinnen Marianne, Monika und Petra, an meine Schwager Helmut und Wolfgang, an Bernhard Bernholz, Fritz Bödefeld, Adolf Freese, Ernst Gotsch, Alf Rolla, Christa Tempel, Rainer Ongsiek, Wilfried Plaga, Erik Paul, Roland Vogelmann, Volker Vogelmann, Jürgen Trinkwald, Karin Schneider, Günter Schneider, Friedhelm Jesse, Claus Schmidberg, Jürgen Sunderwerth, Horst Wandolek und die Stadt Herne.

Bildnachweis

Friedhelm Wessel: S. 1, 5, 8, 9, 10, 11 oben, 12, 16, 22 unten, 25, 27 unten, 29, 31, 32, 37 unten, 28, 41 unten, 43, 56 oben, 62, 63, 71, 78, 81, 82, 83, 89, 90, 91 unten, 92, 94 oben, 96 oben, 97, 114, 115, 116, 121.

Archiv Friedhelm Wessel: S. 2, 7, 11 unten, 13 (2), 14 (2), 15 (2), 16 unten, 17 (2), 18, 19 (2), 20 (2), 21, 22 oben, 23 unten, 24, 26 (2), 27 oben, 28 (2), 30, 33 (2), 34 (2), 35, 36 (2), 37 oben, 39, 40 (2), 41 oben, 42 (2), 44, 45, 46, 47, 49, 50 (2), 51, 52 (2), 53, 54, 55, 56 oben, 57, 58 (2), 59, 60 (2), 61, 64 (2), 65, 66, 67 (2), 68, 72 (2), 73, 74 (2), 75, 77 (2), 79, 85 (2), 86 (2), 87, 91 oben, 93, 94 unten, 95, 96 unten, 98 (2), 99, 101, 102 (2), 103, 105 (2), 106 (2), 107, 108, 109 (2), 110 (2), 111 (2), 112 (2), 113 (2), 117, 119 (2), 120.

Mopedtour durch Herne. Anfang der 1960er-Jahre machten diese Herner Jugendlichen, die besonders gerne auf ihren Kreidlern und Zündapps unterwegs waren, Station auf der Kanalbrücke an der Bahnhofstraße.

Vorwort

„Unser Herne ist keine prunkvolle Stadt, es hat aber seine Schönheiten." Diesen Satz gab der damalige Oberbürgermeister Robert Brauner (1907–1992) seinen jungen Bürgern in den 1950er-Jahren mit auf den Weg. Auch ich gehörte damals dazu. In der Tat, Herne ist keine prunkvolle Stadt, aber es ist eine Kommune mit schönen Ecken und Kanten. Nach 1945 galt Herne lange als die „Goldene Stadt des Westens", denn das Stadtgebiet überstand die Bombenangriffe weitgehend unbeschadet, was sich aber später als Manko herausstellte, weil plötzlich das „Alte" nicht mehr gefragt war. So wurde ab den 1960er-Jahren unter anderem der Bereich um die evangelische Kreuzkirche in der Stadtmitte neu überplant und anschließend bebaut. Teile des alten Herner Ortskerns mit Fachwerkhäusern und Gebäudekomplexen, die teilweise aus der Gründerzeit stammten, wurden durch moderne Bauwerke ersetzt, die sich nun an neuen, breiten Straßen befanden.

Noch gab hier der Bergbau mit den Pütts „Shamrock", „Friedrich der Große", „Mont-Cenis", „Constantin", „Julia" und „Von der Heydt" den Takt vor. Aber auch hier zeichnete sich ein Ende ab: Nach und nach wurden diese Zechen geschlossen. Nur „Friedrich der Große" und „Mont-Cenis" hielten ihre gemeinsame Förderung bis zum 31. März 1978 aufrecht. Dort, wo einst Kumpel einfuhren, entstanden danach meist Gewerbeflächen, Wohnbausiedlungen oder Grünanlagen.

Alt-Herne wird weiterhin geprägt von der Bahnhofstraße, der Lebensader der Stadt, dem Rhein-Herne-Kanal, der „längsten Badewanne des Reviers", dem Stadtgarten, dem Gysenberg und dem Volkspark. Auch etliche Kleingartenanlagen in Baukau, Sodingen, Börnig, Süd und Horsthausen formen seit Jahrzehnten das Stadtbild entscheidend mit. Und wer erinnert sich nicht an die Prominenten, die nie einen Hehl daraus machten, dass sie aus der Kanalstadt Herne kommen oder dort leben, so wie der ehemalige Bandleader Kurt Edelhagen oder Schlagersänger Jürgen Marcus. Auch der Sport, insbesondere der Fußball, darf nicht unerwähnt bleiben. Er sorgte einst dafür, dass der Name Herne/Sodingen in aller Munde war.

Aber was macht Herne eigentlich aus? Es sind vor allem die Menschen, die hier wohnen, sich wohlfühlen und arbeiten, die diese prunklose Stadt zu einem durchaus liebens- und lebenswerten Ort machen.

Hinterhof an der Goethestraße im Jahr 1970: Die kleine Michaela schaut noch sehr skeptisch, während Oma Maria und Tante Sigrid freundlich lächeln.

1

Allgemeines

Vier am Hinterhoffenster in Herne-Mitte (v.l.n.r.): Wolfgang, Marion, Roswitha und Lothar.

Spiel-, Klön- und Leseplatz „Hinterhoftreppe". Diese vier jungen Hernerinnen schmiedeten hier in den 1970er-Jahren wohl auch Zukunftspläne.

Petra mit Pudel – diese Hunderasse war in den 1970er-Jahren sehr beliebt – auch in Herne.

Mutter Schneider beobachtet ihre Kinder in ihrer Sodinger Wohnung bei den Schularbeiten.

Erst eine Runde knuddeln – dann eine Runde über den Herner Hinterhof.

Spaziergang im Jahr 1969 auf dem alten katholischen Friedhof an der Mont-Cenis-Straße. Später erfolgte die Umgestaltung in eine öffentliche Parkanlage. ▼

Start zum Sonntagsausflug in den 1960er-Jahren im Bereich der Straße Auf dem Rhode in Sodingen.

Sonntagsspaziergang in den 1950er-Jahren in der Nähe der ehemaligen Schachtanlage „Friedrich der Große" 3/4.

Das Schloss Strünkede mit den umliegenden Gebäuden und Gräften in Baukau war auch in den 1950er-Jahren immer einen Besuch wert.

Picknick unter Blüten im Herner Stadtgarten in den 1960er-Jahren.

Sommerlicher Badetag in den 1950er-Jahren in Holthausen. Als „Schwimmbad" diente die gute alte Zinkwanne.

„Mal schauen, was in Sodingen so los ist." Dieses jugendliche Trio aus Sodingen beim sonntäglichen Erkundungsgang an der Ecke Mont-Cenis-/Eupener Straße. Im Hintergrund erkennt man das alte Haus Pflüger (links) und den Bunker am damaligen Marktplatz im Bereich des Amtshauses.

Zwei Freunde im verschneiten Hinterhof eines Hauses in der Horsthauser Feldherren-Siedlung im Winter 1962/63.

„Stehst du noch oder fährst du schon?“ Zwei junge Herner testen in den 1950er-Jahren ihre Roller und Fahrräder.

Geburtstagsfeier 1959 in Sodingen: Auf dem Geburtstagskuchen (und daneben) brennen bereits die Kerzen – doch das Geschwister-Trio bleibt skeptisch.

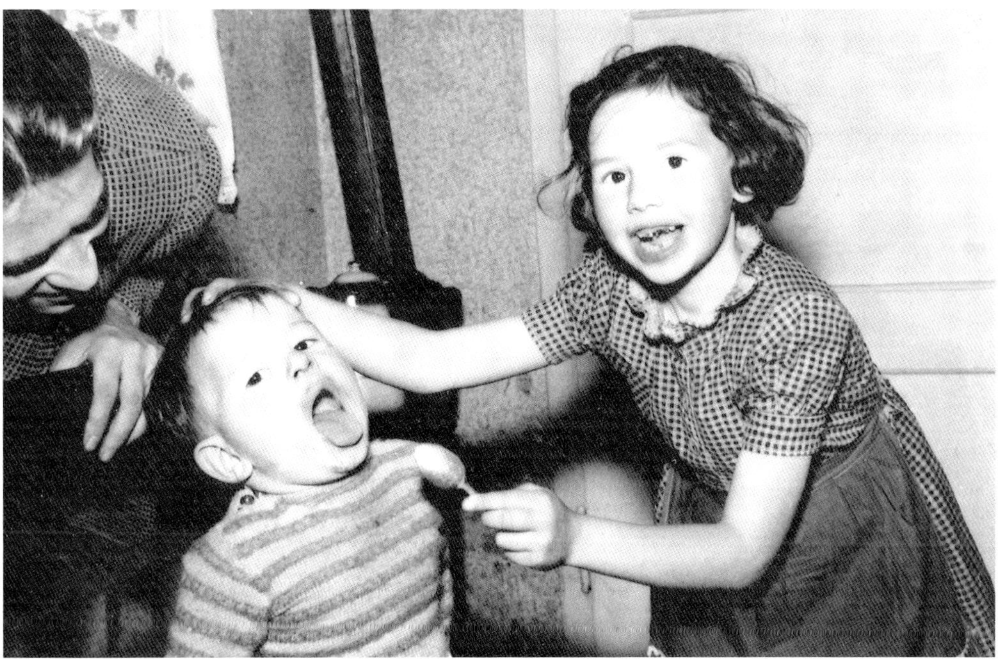

„Mund auf und sag mal ‚Ahhh'" – mal schauen, ob der kleine Bruder gesund ist.

Große Geschwisterrunde in den 1950er-Jahren in Holthausen.

Auf dem Weg zur Feier der ersten Heiligen Kommunion im Jahr 1960 in der Kirche St. Peter und Paul an der Ecke Kirch-/Widumer Straße. ▲

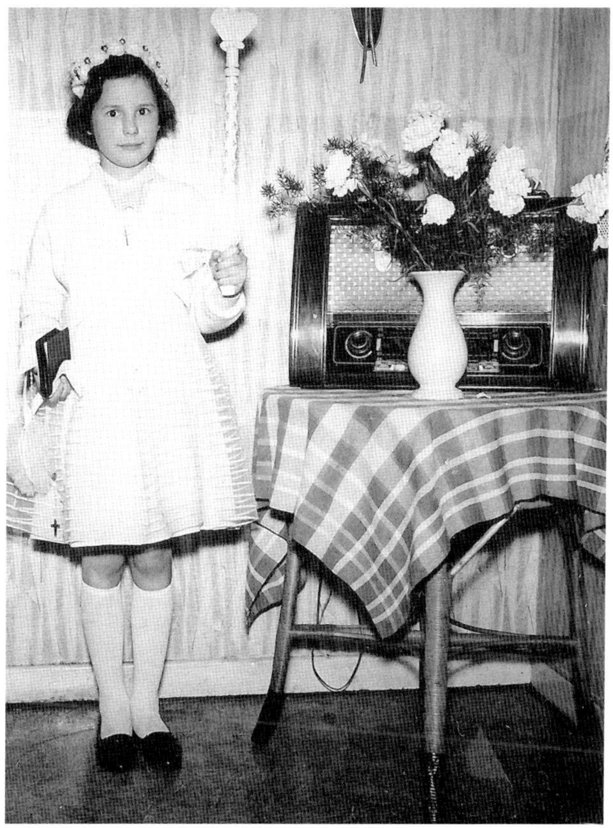

Kommunionfoto mit Kerze und Blumen auf dem Radiotisch im Jahr 1960.

◂ Vor dem feierlichen Einzug zum Empfang der ersten Heiligen Kommunion Mitte der 1960er-Jahre begleiten die meist gut behüteten Mütter und Väter ihre Kinder bis zum Kirchenportal der Kirche St. Peter und Paul.

Sodinger Konfirmanden sind hier in den 1960er-Jahren auf der Mont-Cenis-Straße auf dem Weg in die evangelische Johanniskirche.

◂ Dunkler Anzug mit kurzer Hose und dazu weiße Kniestrümpfe – Sodinger Jungen auf dem Weg zur Erstkommunionfeier.

◂ Schulausflug in Richtung Schloss Strünkede. In einer Grünanlage im Bereich zwischen Lackmanns Hof und Forellstraße trug diese Herner Schulklasse in den 1950er-Jahren im Schatten des Westfalia-Stadions ein Fußballspiel aus.

Lustige Herner Gruppe mit einem Speditionsfahrer mit Schirmmütze in den 1950er-Jahren an einem Vereinshaus in Horsthausen.

◂ Ausgrabungen an der evangelischen Kreuzkirche in der Harannistraße um 1970 unter der Leitung von Dr. Adolf Schmidt, dem damaligen Leiter des Emschertal-Museums.

Begegnung mit einem Clown in der unteren Bahnhofstraße.

2

Ansichten

Beginn des U-Bahn-Baus zwischen Herne und Bochum um 1972 in der Bahnhofstraße. Der Bau erfolgte teilweise in offener Bauweise, wie hier im Abschnitt zwischen dem Bahnhof und der Endhaltestelle Schloss Strünkede.

Während der jahrelangen U-Bahn-Bauphase wurde die Straßenbahnlinie zwischen dem Herner Bahnhof und dem Bochumer Rathaus über die Vincke-, Schul-, den oberen Teil der Bahnhof- und die Bochumer Straße umgeleitet. Hier biegt die „Elektrische" am Haus Storck von der Schulstraße in die Straße An der Kreuzkirche ein.

In diesem Gebäude inmitten der Feldherren-Siedlung befand sich einst die wohl bekannteste Kneipe Horsthausens: die Gaststätte „Lücking". Diese Kneipe war auch Heimat vieler kleiner und größerer Vereine. Heute gehört das Anwesen der islamischen Gemeinde.

In dieser herrschaftlichen Villa an der Luisenstraße in Horsthausen residierte einst der Bergwerksdirektor der Zeche „Friedrich der Große". Später wurden in den Räumen dieses imposanten Gebäudes Teile der Bergwerksverwaltung untergebracht. Nach Gründung der Ruhrkohle AG im Jahr 1969 wurden die Direktorenvilla und weitere einst zecheneigene Gebäude im Umfeld an Privatleute verkauft.

Blick in eine Hinterhofreihe der Horsthauser Blücherstraße in den 1970er-Jahren. Zu den jeweiligen Häusern gehörte oft auch ein Stall nebst Außentoilette und Gartenparzelle. Diese Siedlung – in Herne auch als Feldherren-Siedlung bekannt – gehörte einst zum nahen Bergwerk „Friedrich der Große" (1870–1978).

Der Kindergarten St. Ursula an der Schachtstraße war einst ein Vorzeigeprojekt des Bergwerkes „Friedrich der Große". In den 1950er-Jahren eingeweiht, bahnte sich das Ende dieser Einrichtung bereits in den 1960er-Jahren an. Heute ist dieser Bereich längst überbaut.

Blick um 1971/72 in die Straße In der Falsche in Sodingen. Hier wohnten einst Mont-Cenis-Kumpel mit ihren Familien. Hinter den Häusern bauten die Wohnungsinhaber in ihren Gärten oft Obst und Gemüse für den täglichen Bedarf an.

Das Haus Pflüger in Sodingen. Im Zuge der Stadtteilerneuerung wurde dieses Gebäude, in dem sich einst ein Haushaltswarengeschäft nebst Schmiede und Tankstelle befand, abgerissen. Es lag an der Mont-Cenis-Straße gegenüber dem einstigen Hindenburgplatz und neben dem Eingang zur Schachtanlage „Mont-Cenis" 1/3.

Die Uhlandstraße in Sodingen. Auch hier allgegenwärtig: ein Schachtgerüst der nahen Zeche „Mont-Cenis".

3
Die Bahnhofstraße

Die Bahnhofstraße – die ehemalige Bundesstraße 51 – ist die Lebensader der alten Stadt Herne. Unzählige Geschäfte, Kaufhäuser, Kneipen und Kinos prägten einst das Bild dieser Einkaufsmeile zwischen Bahnhof und Kreuzkirche. In den 1950er- und 1960er-Jahren war die städtische Hauptachse auch als „Straße der Kinos" bekannt. Hier befanden sich die „Kammerlichtspiele", „Schauburg", „Gloria", „Lichtburg", „Astoria" und „Scala". In der „Lichtburg" fanden jahrelang auch andere Kulturveranstaltungen wie Theateraufführungen und Modeschauen statt. Dominiert wird der Herner Boulevard noch immer von den mächtigen Türmen der katholischen St.-Bonifatius- und der evangelischen Kreuzkirche.

Einkaufsbummel – Schnäppchenjägerinnen in den 1970er-Jahren in der Bahnhofstraße.

Die Bahnhofstraße in den 1970er-Jahren bei Nacht. Sterne leuchten – es ist Adventszeit. ▼

Fensterblick von der Heinrichstraße in Richtung Neustraße auf die bereits umgestaltete Bahnhofstraße Anfang der 1980er-Jahre. ▲

Dieser Blick auf den heutigen Robert-Brauner-Platz mit dem ehemaligen Althoff-/Karstadt-Gebäude ist erst nach der Umgestaltung und dem Teilabriss der dortigen Altbebauung ab den 1970er-Jahren möglich.

In der Bahnhofstraße herrscht wieder einmal Hochbetrieb – auf einer Bühne auf dem Robert-Brauner-Platz wird ein Unterhaltungsprogramm geboten.

Blick auf die Einkaufsmeile in Richtung Süden. Stände und Buden laden zusätzlich zum Verweilen ein.

— 4 —

Am Kanal

Kanutin Gertrud Trinkwald macht in den 1950er-Jahren ihr Paddelboot am Rhein-Herne-Kanal startklar.

Bootstaufe und Start in die neue Wassersportsaison bei einem Herner Kanuclub in den 1950er-Jahren im Schatten der ehemaligen Zeche „Friedrich der Große“ 3/4.

Schlepper transportierten bis in die 1970er-Jahre nicht motorisierte Frachtkähne auf dem Rhein-Herne-Kanal. Hier passiert ein Schleppverband, der oft heimische Steinkohle geladen hatte, den ehemaligen Schacht 5 der Zeche „Friedrich der Große“ in Horsthausen.

Sonntagsausflug in den 1960er-Jahren. Das Ziel war der Kanuclub in Horsthausen mit dem vereinseigenen Bootssteg zum Liegehafen der Zeche „Friedrich der Große".

Canadierfahrer Detlef im ehemaligen Liegehafen der Zeche „Friedrich der Große" in Horsthausen.

Der Rhein-Herne-Kanal ist und bleibt ein beliebtes und begehrtes Naherholungsziel. Hier kommen aber nicht nur Wassersportler auf ihre Kosten. Manchmal heißt es auch heute noch: „Komm, lass uns mal Schiffe gucken". An den Uferböschungen der „längsten Badewanne" oder „der Riviera des Reviers" erholen sich seit der Eröffnung der mittlerweile 45 Kilometer langen Wasserstraße im Jahr 1914 an schönen Tagen viele Menschen aus den angrenzenden Städten zwischen Duisburg und Henrichenburg.

5

Im Gysenberg

Viele Wege führen durch den Herner Gysenberg und das Ostbachtal, wie hier Am Ruhmbach im Bereich des Hauses Galland.

Auf dem Weg in den Gysenberg. In den 1960er-Jahren war der Zugang im Bereich der Sodinger Ringstraße noch ein unbefestigter Feldweg.

Auf der Ostbachtalbrücke im Abschnitt zwischen Hölkeskampring und Schillerstraße.

Der alte Verbindungsweg unterhalb des Gysenbergs zwischen Sodingen und der Zeche „Constantin" in den 1960er-Jahren.

Auf dem Feldweg zwischen Wiescherfriedhof und neuer Sodinger Straße. Auch heute noch wird dieser Weg gerne von Spaziergängern genutzt.

In den 1960er-Jahren fand der Sonntagsausflug in den Gysenberg – das „Grüne Herz" Hernes – gut behütet statt.

Zahlreiche Fahnen wehten beim ersten Spatenstich zum Bau des Revierparks Gysenberg im Sommer des Jahres 1968.

Der Revierpark lockte bald mit etlichen Freizeitaktionen, auch eine Kegelbahn gehörte einst dazu.

Der Besuch des Zoos im Gysenberg zählte jahrzehntelang zum sonntäglichen Pflichtprogramm vieler Herner Familien. Tiere aller Art, darunter sogar Bären und Seehunde, konnten hier kostenlos aus nächster Nähe bestaunt werden.

Auf dem Beimberg im Sodinger Volkspark thront dieser Aussichtsturm, der auch heute noch, nach Voranmeldung, bestiegen werden kann. Von hier aus hat man je nach Wetterlage eine schöne Aussicht auf Sodingen, die angrenzenden Ortsteile und umliegenden Gemeinden.

— 6 —

Arbeit

Blick aus der ehemaligen Kohlenwäsche der Zeche „Friedrich der Große" auf den Schacht 3 (im Vordergrund) und den Schacht 6. Nach der Schließung des einstigen Verbundwerkes „Friedrich der Große"/„Mont-Cenis" wurde das Areal in ein Gewerbegebiet umgewandelt. Nur der Schacht 3 überlebte. Er wurde in den 1980er-Jahren im LWL-Industriemuseum Zeche Zollern in Dortmund-Bövinghausen wieder aufgebaut.

Schichtende in den 1950er-Jahren auf der Zeche „Friedrich der Große". Gesichter und Hände vom Kohlenstaub tiefschwarz, mit den damals typischen Grubenlampen, die Kaffeepulle in einem Riemen vor der Brust baumelnd und mit dem legendären „Mutterklötzchen" unter dem Arm warteten die Kumpel auf den Beginn der Seilfahrt.

Der Eingang der Zeche „Friedrich der Große" 1/2 an der Werderstraße. 1967 wurde hier die Förderung eingestellt. Zeitnah erfolgte der Abriss der Anlage, auf der die Förderung 1870 begann. Nur ein Fördermaschinenhaus und Teile der alten Zechenmauer blieben erhalten. Das Areal wird seitdem gewerblich genutzt.

Bergbau liegt den Sunderwerths im Blut

Weil seine männlichen Verwandten bei Familientreffen so schöne Dönekes und Anekdoten vom Pütt erzählten, stand für den 1940 in Sodingen geborenen Jürgen Sunderwerth fest: Wenn ich die Schule verlasse, lege ich auf „Mont-Cenis" an. Dort malochten bereits Großvater, Vater und weitere männliche Verwandte und Bekannte. Den Schritt, Bergmann zu werden, hat der vielseitig interessierte Sodinger nie bereut. Nach seiner bergmännischen Ausbildung arbeitete Jürgen Sunderwerth lange vor Kohle. „Auf ‚Mont-Cenis' gab es viele Flöze in steiler Lagerung", erzählt der Ex-Kumpel, der seit Jahren in einem der ehemaligen Steigerhäuser in der oberen Mont-Cenis-Straße lebt.

1963 trat Jürgen Sunderwerth in die Grubenwehr ein. „Ich ging zum damaligen Oberführer Repons und bat um Aufnahme", erinnert er sich. Doch der damalige Werksleiter und Grubenwehrchef rief erst eine Aufnahmerunde ein. „Sie blickten dabei sogar auf mein Schichtenbild", lacht Sunderwerth, der dann aber ohne Zögern aufgenommen wurde.

Im Laufe seiner langen bergmännischen Laufbahn, die bis 1990 dauerte, hat Jürgen Sunderwerth viel erlebt. „Als Berglehrling und später als Knappe hing ich oft am Seil meines Vaters", erzählt Sunderwerth weiter, denn Friedrich Sunderwerth war auf „Mont-Cenis" als Fördermaschinist tätig. Auch an den 22. Juli 1965 erinnert sich der ehemalige Grubenwehrmann noch ganz genau. „Ich hatte Morgenschicht, war schon in der Kaue, als wir alarmiert wurden. Wir fuhren also wieder an, waren der erste Reservetrupp, der in ‚Karl' zum Einsatz kommen sollte. An der Einsatzstelle halfen wir unseren Kameraden beim Anlegen der Ausrüstung und Anziehen der Flammschutzanzüge. Von diesem Trupp kehrte aber nur ein Mann lebend zurück. Unter den Toten befand sich auch der damalige Oberführer Repons", erzählt der Sodinger. „Erst ein Grollen, dann folgte eine riesige Druckwelle. Alle, die sich in der Einsatzstelle befanden, suchten irgendwo Deckung. Nachdem sich der Staub gelegt hatte, sahen wir das Ausmaß der Explosion, die sogar zwei Wettertüren in der Strecke aus den Angeln gerissen hatte", berichtet Sunderwerth, dessen Einsatz an diesem Tag erst weit nach Mitternacht endete.

Trotz dieser Katastrophe blieb Jürgen Sunderwerth in der Grubenwehr, war anschließend noch bei Einsätzen auf „Constantin" und „Friedrich der Große" dabei. „Nichts Dramatisches, aber jedenfalls war hier das Können der Wehr gefragt", betonte Sunderwerth, der auch nach dem Zusammenschluss von „Friedrich der Große" und „Mont-Cenis" gerne mit dem neuen Oberführer Waldemar Hoppe und Gerätewart Adolf Freese zusammenarbeitete.

Bereits 1955 war Jürgen Sunderwerth in die Gewerkschaft IG Bergbau eingetreten, später wurde er auf „Mont-Cenis" Mitglied des Betriebsrates. 1976 ging der Sodinger dann in die Ausbildung. „Ich habe immer gerne mit Jugendlichen gearbeitet", verriet der langjährige Kumpel, der nach der Schließung von FdG/MC zur Schachtanlage Blumenthal in Recklinghausen wechselte. Auch hier war er in der Ausbildung tätig: „Unser damaliges Lehrrevier mit einem Hobelstreb galt als vorbildlich, wir waren sogar voll in die Produktion eingebunden."

Sunderwerth bekleidete viele Ehrenämter, war für die SPD im Bezirk, war Stellvertreter des Vorsitzenden der Lehrlingsprüfungskommission und Schöffe. Aber auch als

Fördermaschinist Jürgen Sunderwerth von der Sodinger Zeche „Mont-Cenis" in den 1950er-Jahren.

„Knappschaftsältester" erwarb sich Sunderwerth einen guten Ruf. Seit 1988 berät der Sodinger in seinem kleinen Büro, das mit Arschleder, Lampen und anderen bergmännischen Utensilien verziert ist, Versicherte. „Früher waren es mehr, ich hatte einen sehr großen Bezirk", unterstreicht der bekannte Sodinger, der vielfach für sein bürgerschaftliches Engagement geehrt wurde, so mit dem Goldenen Grubenwehrabzeichen und dem Bundesverdienstkreuz.

Im Haus Sunderwerth wird die bergmännische Tradition auch heute noch gepflegt. Sein Sohn Uwe, der im großen MC-Unglücksjahr 1965 geboren wurde, ging nach der Schulzeit ebenfalls zum Pütt – wurde Elektriker und während der Ausbildungszeit auf Blumenthal für drei Monate natürlich einem Ausbilder namens Jürgen Sunderwerth zugeteilt. Heute ist Uwe Sunderwerth Elektroingenieur und arbeitet für die RAG-Stiftung. Sein Aufgabenbereich ist die Entwässerung ehemaliger Revierzechen. Dass sich bei Familientreffen der Sunderwerths immer noch (fast) alles um den Pütt dreht, versteht sich eigentlich von selbst – ist Tradition.

Wolfgang aus Horsthausen war zeitlebens ein begeisterter Bergmann. Seine Ausbildung begann er einst auf der Schachtanlage „Friedrich der Große“. Vor Schichtbeginn hieß es: ab in die Lampenstube. Hier holte man sich sein Geleucht und den ebenfalls sehr wichtigen „Selbstretter“ ab.

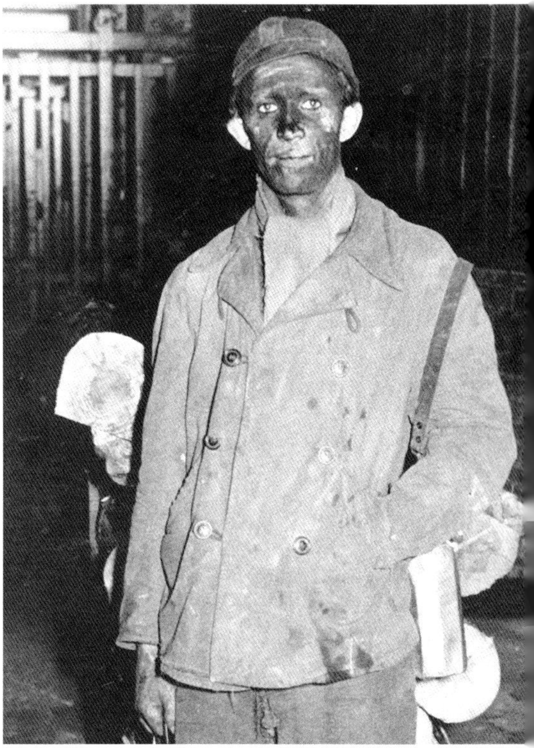

Ein Herner Bergmann in den 1950er-Jahren. Zur bergmännischen Ausrüstung gehörten Lederhelm, eine elektrische Handlampe und eine Kaffeepulle aus Aluminium.

Im Untertagebetrieb der Schachtanlage „Friedrich der Große“ 3/4: zwei Seilbahnschlosser bei der Arbeit.

Ich bin der letzte Wagen nach
108 Jahren
Friedrich der Grosse
1870 – 31.3.1978

◂ Trauerfeier im Juli 1965 auf dem Holthauser Friedhof. Nach einem schweren Grubenunglück auf der Zeche „Mont-Cenis" wurden hier mehrere Bergleute beerdigt. Vier der neun getöteten Kumpel blieben jedoch für immer im Berg. Auf dem Friedhof an der Mont-Cenis-Straße erinnert seitdem ein Ehrenmal an das letzte große Herner Grubenunglück.

Nicht nur Bergleute waren auf den Bergwerken beschäftigt. Hier posieren stolz Lokfahrer und Rangierer der ehemaligen Zeche „Friedrich der Große" vor ihrem tonnenschweren, schwarzen Ungetüm, das Kohlen, Holz und anderes Material auf den werkseigenen Anlagen transportierte.

◂ Eine Gruppe Herner Kumpel hat sich hier um den letzten Förderwagen des einstigen Verbundwerkes „Friedrich der Große"/„Mont-Cenis" drapiert. Am 31. März 1978 wurde die Kohlenförderung in Herne eingestellt. Dieser Wagen fand danach einen Ehrenplatz im Herner Heimatmuseum „Unser Fritz" in Wanne-Eickel.

Sprengung eines Kamins auf dem Gelände der 1967 geschlossenen Schachtanlage „Friedrich der Große" 1/2 im Bereich zwischen Werder-, Roon- und Kanalstraße. Im Hintergrund erkennt man noch den Turm der alten St.-Josefs-Kirche an der Roonstraße. Einige Jahre später wurde auch das Gotteshaus abgerissen und durch einen modernen Neubau ersetzt.

Die Demontage des Bergwerks „Mont-Cenis“ läuft bereits. Nur noch die Gerüste der Schächte 1 und 3 stehen, aber bald sind auch sie Geschichte. 1978 endete die Ära dieses Pütts. Heute steht hier das außergewöhnliche Glasgebäude der Akademie des Landes NRW.

◂ Blick in die Klempnerwerkstatt der Zeche „Friedrich der Große". Zum Arbeitsbereich der Klempner gehörten damals auch die unzähligen zecheneigenen Wohnungen.

Gerd Scholz, der seine Karriere einst als Straßenbahnschaffner bei der Straßenbahn Herne-Castrop-Rauxel (HCR) begann, war danach noch jahrelang als Busfahrer auf allen Linien des Herner-Castrop-Rauxeler Verkehrsverbundsnetzes unterwegs.

◂ Kohlen – hier Braunkohlenbriketts – waren jahrzehntelang begehrtes Brennmaterial. So gab es in der Stadt, wie hier an der Viktor-Reuter-Straße, auch etliche Händler, die Kohlen in die Keller von Privathaushalten brachten.

Heinrich Funck
Schmiede Schlosserei
Esso
Auto- und Motorrad Zubehor
Ofenrohre

◄ Die Schlosserwerkstatt von Heinrich Funk in Sodingen in den 1950er-Jahren.

Bett- und Tischwäsche wird hier in den 1950er-Jahren von fachkundigen Frauen in Horsthausen „durch die Mangel" gedreht.

◄ DB-Fahrdienstleiter Plaga in den 1960er-Jahren an seinem Arbeitsplatz im Herner Bahnhof.

In dieser Halle des einstigen Traditionsunternehmens Flottmann wurden früher druckluftbetriebene Werkzeuge hergestellt. Hauptabnehmer der Erzeugnisse war der Bergbau. Gefertigt wurden hier an der Flottmannstraße unter anderem Abbau- und Bohrhämmer für Kunden in aller Welt. Inzwischen werden die Hallen als Raum für Ausstellungen, Kleinkunst, Theater und sonstige Kulturveranstaltungen genutzt.

Bis weit in die 1980er-Jahre prägten unzählige Einzelhandelsgeschäfte, wie hier an der oberen Mont-Cenis-Straße, das Bild der Stadt. Bei „Trinkwald" zwischen Hermann-Löns- und Goethestraße konnten sich die Kunden mit Obst, Gemüse und weiteren verpackten Lebensmitteln für den täglichen Bedarf eindecken.

Lebensmittelverkäuferinnen in einst typischer Arbeitskleidung, bestehend aus weißen Kitteln und Häubchen. Diese Kleidung war in den 1950er- und 1960er-Jahren vor allem in den Läden der sogenannten Konsum-Genossenschaften bei den dort arbeiteten Frauen zu sehen.

Bis in die 1970er-Jahre wurde die Milch noch bis ans Haus geliefert. So auch in Sodingen, wo der Milchbauer mit einem pferdegezogenen Wagen alle Straßenzüge abfuhr, um den dort lebenden Bewohnern Milch und weitere Produkte anzubieten.

7
Automobile

Ein Käfer um 1970 vor dem Herner Rathaus. Dieser Platz, heute teilweise als Park- und Marktplatz genutzt, dient auch als Versammlungsort für Großveranstaltungen jeglicher Art. Die Palette reicht von politischen bis hin zu kirchlichen Kundgebungen, wie in den 1950er-Jahren, als hier einmal der legendäre Pater Leppich predigte.

Ein O-Bus an der Endhaltestelle Casino „Friedrich der Große" 3/4 an der Von-Waldthausen-Straße. Die Strecke dieses Busses der BOGESTRA führte über Herne-Mitte, Kreuzkirche, Hiltroper Kirche bis zur Apotheke in Bochum-Gerthe. Doch die Zeit der Elektrobusse dauerte nur ein paar Jahre, dann wurden sie auf dieser heute noch bestehenden Linie wieder durch dieselbetriebene Fahrzeuge ausgewechselt.

Busfahrer- und Schaffnerpause im Bereich Herne-Vöde. Das Foto zeigt einen Bus der HCR Anfang der 1960er-Jahre.

Ein Auto der Marke Llyod war in den späten 1950er-Jahren der Stolz so mancher Herner Familien. Auf diesem Hinterhof an der Goethestraße diente dieser einst außergewöhnliche Kleinwagen daher auch gerne als Hintergrundkulisse.

Bernhard schwörte in den 1960er-Jahren auf einen Kölner; der Herner fuhr einen Ford.

Heinz aus Herne-Mitte mit Gitarre vor seinem Opel Rekord während eines Ausflugs Mitte der 1960er-Jahre im nahen Sauerland.

Familie Schneider aus Sodingen bevorzugte ihr Gefährt etwas schnittiger; sie ging mit einem NSU-Prinz auf Tour.

HER-J 299

HER-X 72

Vor und nach dem Sonntagsausflug wurde der Wagen, wie hier der kleine Lloyd, gründlichst gereinigt. Da konnte der junge Nachbar Walter nur staunen.

8
Forum 7

In dem Raum, in dem sonst Bastelgruppen, Diskussionsrunden oder Zauberkurse stattfanden, saßen 1970, kurz nach der Eröffnung des Revierparks, mehrere junge Leute an einem Tisch und hantierten mit einem Tonband. Der Herner Student Claus Schmidberg hatte Radiofans um sich versammelt, um eine Sendung für das evangelische Krankenhaus aufzuzeichnen. Der Krankenhausfunk Forum 7 war damit geboren. Und es ging sofort aufwärts mit dem kleinen Sender, denn nun stieg auch der radiobegeisterte Krankenhauspfarrer Götz Kratzenstein ein und öffnete neue Pforten. Er erinnerte sich immer gerne an die erste Begegnung mit dieser engagierten Gruppe: „Es waren junge Leute mit langen Haaren, die aber wussten, was sie wollten."

Der Pfarrer saß danach über 20 Jahre lang in seiner Freizeit am Mikrofon. Sogar als Sportreporter betätigte sich Kratzenstein während seiner langen Radiokarriere. So wurde den jungen Radiomachern Claus Schmidberg, Robert Heinrich, Friedrich-Wilhelm Düppe, Jörg Domhöfer, Alf Rolla und Hans-Dieter Fischer die ehemalige Telefonzentrale des evangelischen Kreiskirchenamtes in der Albert-Klein-Straße (früher Sitz der Hauptverwaltung von „Friedrich der Große") als Studio angeboten. Damit begann eine lange Umbau- und Aufbauphase für das engagierte Techniker- und Moderatorenteam. Als der damalige Bundespräsident Gustav Heinemann von dem Engagement der Jugendlichen erfuhr, stellte er 500 Mark zur Verfügung. Und auch Schlagerstar Freddy Quinn half beim Aufbau. Nach einem Besuch in Herne sorgte der Wahlhamburger dafür, dass seine Plattenfirma den Krankenhausfunk immer kostenlos mit den neuesten Platten versorgte.

Zu den Gästen im Studio gehörten in den Anfangsjahren viele Prominente. So saß sogar der bekannte Herner Schlagersänger Jürgen Marcus am Heiligen Abend am Mikro, um die Kranken in den Häusern an der Wiescherstraße und am Hölkeskampring zu unterhalten. Immer mehr Prominente standen dann ab 1973 nach dem Umzug in den Keller des Kreiskirchenamtes Forum-7-Mitarbeitern Rede und Antwort. Einer der ersten Gäste war der aus Holthausen stammende ehemalige Bandleader Kurt Edelhagen. Es folgten Bruce Low, Reinhard Mey, Freddy Quinn, Roy Black, Evelyn Künneke, Juliane Werding, Peter Horton, Andrea Jürgens und Bill Ramsey. Letzterem gefiel die ehrenamtliche Arbeit von Forum 7 besonders gut. Er ließ seine Gage, die er zuvor bei einem Auftritt im Ludwig-Steil-Haus kassiert hatte, als Spende im Herner Studio zurück. An den Reglern in der Technik standen zeitweise in der Radio- und TV-Welt sehr bekannte Moderatoren wie Hans Meiser und Manfred „Manni" Breuckmann.

Stundenlang kann Claus Schmidberg, der das sogenannte Hospital Radio „von England nach Herne holte", von den Anfangsschwierigkeiten mit der Staatskanzlei und anderen überregionalen und regionalen Behörden berichten. Mitte der 1970er-Jahre wurde der Herner Krankenhausfunk jedoch für sein bürgerschaftliches Engagement im Rahmen einer Feierstunde im Erbdrostenhof zu Münster sogar ausgezeichnet und geehrt.

Pfarrer Götz Kratzenstein blieb seinem „Funk“ bis Anfang der 1990er-Jahre treu. Claus Schmidberg und Alf Rolla waren bereits einige Jahre zuvor aus beruflichen Gründen aus dem Team ausgeschieden. Sie lebten und arbeiteten inzwischen in Köln und Düsseldorf, blieben ihrem Forum 7 aber auch weiterhin noch einige Zeit verbunden. Wenn sich die Ehemaligen des Teams heute treffen und dabei auf die aktive Mikrofonzeit zurückblicken, fällt ihnen sofort eine Episode aus der Herner Eissporthalle ein. Zusammen mit dem damaligen Herner Lokalchef der „Ruhr Nachrichten“ und stellvertretenden Vereinsvorsitzenden Heinz Kurtzbach berichtete Pfarrer Kratzenstein von einem Eishockeyspiel. Die Begegnung wurde natürlich live übertragen. Als Heinz Kurtzbach die Sprecherkabine während des Spiels kurz verließ, geriet der Pfarrer, der wenig von der Jagd nach dem Puck verstand, etwas ins „Schwimmen“. Doch er meisterte die Situation ganz gut, erinnert sich Claus Schmidberg. Sein damaliger Kommentar ging in die Geschichte ein. Denn als auf dem Eis plötzlich zwei Spieler mit Eishockeyschlägern aufeinander losgingen, kommentierte der Pfarrer: „Das ist aber völlig unchristlich.“

Eishockeyübertragungen aus der Halle im Gysenberg waren in jenen Tagen so beliebt, dass sich radiolose Herner ins Foyer der angeschlossenen Krankenhäuser setzten, um diese außergewöhnlichen Rundfunkreportagen mitzuerleben.

Dem Herner Krankenhauspfarrer war es auch zu verdanken, dass die Radiomacher schnell und unkompliziert auf eine riesige Schallplattensammlung zurückgreifen konnten. Götz Kratzenstein besorgte bereits Mitte der 1970er-Jahre einen Computer und listete alle 70.000 gespeicherten Musiktitel in wochenlanger Arbeit auf.

Das Archiv, das Studio und die Technik versetzten sogar einst gestandene Radiomacher aus Luxemburg in Erstaunen. Chefsprecher Jochen Pützenbacher geriet beim Besuch in Herne ins Staunen: „So ein Studio hat selbst RTL nicht.“

Der Herner Schlagersänger Jürgen Marcus war oft und gerne zu Gast an der Albert-Klein-Straße. So war das Forum-7-Team sogar für die Technik bei seinem Konzert in der Halle am Westring und für die Übertragung in die Herner Krankenhäuser verantwortlich. Es war das erste und einzige Konzert des Sängers aus der damaligen Marienstraße (heute Glockenstraße).

Das Team des Krankenhausfunks Forum 7 in den späten 1980er-Jahren am Fahnenmast der ehemaligen Hauptverwaltung der Zeche „Friedrich der Große" an der Albert-Klein-Straße. Im Keller des imposanten Gebäudes, das einst von der RAG übernommen worden war, befand sich jahrelang der Sitz des evangelischen Kreiskirchenamtes. Das Studio von Forum 7 war in der ehemaligen Telefonzentrale im Keller des inzwischen seit Jahren leer stehenden Verwaltungsgebäudes untergebracht.

Spaßige Redaktionskonferenz bei Forum 7. Hier ging es wie immer um die Frage: Welche Musik und welcher Text kommt in die nächste Sendung?

Schlagerstar Freddy Quinn war oft und gerne zu Gast bei den Herner Krankenhausfunkern. Hier bespricht er mit Techniker H.-D. Fischer den nächsten Sendebeitrag.

Claus Schmidberg gründete 1970 den einst deutschlandweit bekannten Krankenhausfunk. Die ersten Sendungen zeichnete das junge Team im Sommer 1970 mittels eines Tonbandes in einem Raum des neuen Revierparkgebäudes auf.

Zwei Forum-7-Urgesteine im Gespräch: Pfarrer Götz Kratzenstein (1923–2019) wird von Alf Rolla (rechts) interviewt.

Medienexperte und Moderator Hans Meiser (links) aus Köln zu Gast bei Alf Rolla im Forum-7-Studio an der Albert-Klein-Straße.

— 9 —

Kultur

Ein Herner am Flügel: Orchesterleiter Kurt Edelhagen wird von seinen Bandmitgliedern umringt.

Mit Bill Haley auf der Bühne

An den 26. Oktober 1958 erinnerte sich der aus Herne-Holthausen stammende Bandleader Kurt Edelhagen zeit seines Lebens. Damals fand im Berliner Sportpalast ein Konzert mit dem legendären Bill Haley statt. Die Fans randalierten und zerschlugen Stühle und Bänke. Edelhagen verurteilte danach das aggressive Verhalten der jugendlichen Besucher. Später schaltete sich sogar Elvis Presley in die Diskussion ein, denn der „King of Rock 'n' Roll" absolvierte damals gerade seinen Militärdienst in Deutschland. Und so gab es in Frankfurt sogar ein Treffen mit Kurt Edelhagen, Bill Haley und Elvis Presley.

Kurt Edelhagen war 1920 in Holthausen geboren worden. Nach dem Schulbesuch studierte er an der Essener Folkwangschule die Fächer Klavier, Klarinette und Dirigieren. Von 1939 bis 1945 gehörte er einem Militärmusikzug an. Bereits im Mai 1945, kurz nach Kriegsende, suchten die englischen Besatzer für den „Herner Battle-Axe-Club" eine Band. Der junge Edelhagen stand bereit und spielte mit zwölf Musikern zum Tanz auf. Er swingte sich mit seiner Band bald auch in die Herzen der Zivilisten. Im legendären „CC" an der Bahnhofstraße war die Band von nun an oft anzutreffen.

Ab 1946 ging Edelhagen mit seinen Musikern bereits auf Tournee. Sie gastierten in Süddeutschland und gehörten dort bald zu den gefragtesten Jazzern der neuen Rundfunksender in Stuttgart, München und Baden-Baden. 1952 entdeckte Edelhagen die Sängerin und Schauspielerin Caterina Valente. Der gebürtige Holthausener stand mit bekannten Schlagersängern wie Roy Black, Willy Schneider und Willy Millowitsch auf der Bühne. 1957 zog es Edelhagen nach Köln, wo er unter anderem eine Jazzklasse der Musikhochschule leitete.

Während des Kalten Krieges bewies Edelhagen, dass Musik Grenzen überwinden kann. 1964 startete er eine erfolgreiche Tournee durch die Sowjetunion. In seiner Heimatstadt, nur ein paar Kilometer von seinem Elternhaus entfernt, stellte er sich Anfang der 1970er-Jahre mit seiner Band in der „Swingenden Eislaufhalle" am Gysenberg vor. Damals befand sich der bekannte Bandleader auf dem Höhepunkt seines musikalischen Schaffens. Bei der Eröffnung der Olympischen Spiele 1972 in München präsentierte er den internationalen Gästen als musikalischer Leiter ein „Swinging Germany".

Kurt Edelhagen starb 1982 in seiner Wahlheimat Köln. In Herne-Sodingen und in der Stadt am Rhein erinnern ein Platz und eine Straße an den Mann, der einst den Swing in Deutschland populär machte.

Kabarettist und Schauspieler Jürgen von Manger (Mitte), der lange in Herne lebte, während einer Veranstaltung, die er zusammen mit seinem langjährigen Herner Freund Götz Kratzenstein (rechts) besuchte.

Silvia Droste aus Herne machte sich weltweit als Saxophonistin und Jazzsängerin einen Namen. Heute ist sie unter anderem als Dozentin für Jazz-Gesang an der Essener Folkwang-Hochschule tätig.

In den 1960er-Jahren beeinflussten Bands aus England auch junge Herner Musiker. Hier in der Kanalstadt gab es ebenfalls eine kleine, aber aktive Musikszene. Eine Band um Drummer Jürgen Weigelt (links) stellte sich während eines Freiluftkonzertes in der City vor.

So kennt man sie: Tana Schanzara (1925–2008), die sich als Schauspielerin, Sängerin und Vorleserin einen Namen über die Grenzen des Reviers hinaus machte. In Bochum, wo die Kielerin zum Ensemble des Theaters gehört hatte, wurde inzwischen ein Platz nach ihr benannt. Gelebt hatte die „Revier-Duse" aber jahrzehntelang in Herne.

Vom Maschinenschlosser zum Schlagerstar

„Ich bereue nichts", sang Jürgen Marcus 2005 und überraschte sein Publikum mit einem neuen Repertoire. 16 Jahre lang hatte er eine „künstlerische" Pause eingelegt, nachdem er sich 1989 aus dem Showgeschäft zurückgezogen hatte. Nur noch sehr sporadisch tauchte der gebürtige Herner in dieser Phase auf den Bühnen seines Heimatlandes auf.

Nach dem Schulbesuch hatte Jürgen Beumer, der sich ab 1972 Jürgen Marcus nannte, eine Ausbildung zum Maschinenschlosser in einem großen Herner Unternehmen begonnen. Bald entdeckte der 1948 geborene Handwerker aber seine Liebe zur Musik und trat mit verschiedenen Bands auf. Selbst Karnevalsgesellschaften unterhielt der junge Mann aus der Herner Marienstraße mit seinem Gesang. Das Beatle-Fieber erreichte auch ihn und so absolvierte er mehrere Auftritte beim bekannten Festival in der Vestlandhalle in Recklinghausen.

1969 fuhr der mittlerweile 21-Jährige nach Düsseldorf, wo im Theater am Worringer Platz ein Casting stattfand. Der Maschinenschlosser hatte Glück und bekam die Hauptrolle. Danach ging er mit dem Musical „Hair" – in der Rolle des Claude – auf Tournee. Seinen gelernten Handwerksberuf hängte er an den Nagel. Der Umstieg war geschafft. In dieser Umbruchphase traf Jürgen den ehemaligen Berliner Fußballprofi Horst Nußbaum. Der wollte aus dem Herner zwar keinen Kicker machen, aber nahm ihn als Künstler unter Vertrag, denn Nußbaum, der in der Musikszene als Jack White bekannt ist, erkannte sein Potential.

1971 produzierten sie zunächst „Nur die Liebe zählt". Dann ging es schlagartig in die Charts. Jürgen Marcus sang Hit für Hit. „Ein Festival der Liebe" und „Ein Lied zieht hinaus in die Welt" wurden landauf, landab bei allen Radiostationen und Fernsehsendern über den Äther gejagt.

Die Preise ließen nicht auf sich warten: Mehrere Goldene und Silberne Löwen von Radio Luxemburg und vier Ottos der Bravo gehörten dazu. Nach 23 Singles, die das Duo White/Marcus produzierte, war Schluss, denn der mittlerweile in München lebende Künstler suchte eine neue Herausforderung und arbeitete mit verschiedenen deutschen Produzenten zusammen.

Ab und zu ließ sich Marcus noch in seiner Heimatstadt Herne blicken. So feierte er seinen 30. Geburtstag groß in einer Vorortdisko und ließ zur Überraschung der 50 Gäste frische Erdbeeren aus Israel einfliegen. Während dieser Feier kündigte sich bereits der Bruch zwischen dem Erfolgsduo Jack White und Jürgen Marcus an. Einige Wochen später trat Jürgen Marcus letztmalig in seiner Heimatstadt Herne auf. Es war ein großes Varietéprogramm mit vielen Künstlern. Jürgen stellte in einer auf ihn zugeschnittenen Show seine Erfolgshits vor. Bis 1982 war er auch ein gern gesehener Gast bei der ZDF-Hitparade. Mit 36 Auftritten schrieb er auch hier Geschichte. Dann wurde es ruhiger um den blonden Sänger aus dem Revier. Erst 2004/2005 meldete er sich mit neuen Titeln wie „Ich glaube an die Welt" und „Ich bereue nichts" zurück. Und ab und zu, wenn er in der Nähe weilte, streifte er durch die alte Marienstraße (heute Glockenstraße), dann ging sein Blick hinüber zum Kindergarten, wo er einst die ersten Lieder trällerte. Jürgen Marcus starb 2018 in seiner Wahlheimat München.

Schlagersänger Jürgen Marcus mit der Autogrammpost eines Tages. Der Künstler, der in einem Haus an der heutigen Glockenstraße aufgewachsen war, gehörte ab den 1970er-Jahren zu den bekanntesten deutschen Schlagerinterpreten.

Jürgen Marcus während der Probe zur Löwenverleihung von Radio Luxemburg in der Dortmunder Westfalenhalle. ▼

Werner Beumer, der ältere Bruder von Jürgen Marcus, leert in der Herner Hauptpost das Schließfach des Künstlers mit den täglich anfallenden Autogrammwünschen.

Jürgen Marcus in den 1990er-Jahren während einer Gala in seiner Heimatstadt Herne. 2018 starb der Sänger im Alter von 70 Jahren in seiner Wahlheimat München.

Filmvorführer und Schlosser

Wenn es in den Horsthauser „Kronen-Lichtspielen“ einen Filmwechsel gab, freute sich die Mannschaft der Grubenschlosserei der ehemaligen Zeche „Friedrich der Große“ 1/2 an der Werderstraße besonders, vor allem dann, wenn diese Streifen nicht „jugendfrei“ waren. Denn Werner Huesmann, der in der Werkstatt für die Instandsetzung der legendären Flottmann-Abbau- und Bohrhämmer zuständig war, betätigte sich im Zweitberuf als Filmvorführer in den besagten „Kronen-Lichtspielen“. Weil die damaligen Filmstreifen auch gerne einmal rissen und Huesmann sie dann wieder fachmännisch kleben musste, fielen manchmal ein paar Negative der Filmvorführerschere zum Opfer, die bekannte Schauspielerinnen in delikaten Posen und mit gewagten Dekolletés zeigten. Das war in den 1950er-Jahren, als Sittenwächter noch streng über jede Filmsequenz wachten. Die Werkstattgesellen hatten jedenfalls ihren Spaß an den „verbotenen frivolen Szenen“, den damals fünf Auszubildenden, blieb diese Welt jedoch vorerst noch verschlossen.

In der „guten Herner Kinozeit“ gab es 13 Lichtspieltheater in Alt-Herne. Dabei stammte die legendäre „Schauburg“ in der Bahnhofstraße bereits aus der Zeit um 1902. Später folgten auf der Einkaufsmeile zwischen Bahnhof und Kreuzkirche die „Scala“, „Astoria“, „Lichtburg“, „Gloria“ und die „Kammerlichtspiele“.

Joachim Król, der aus Herne stammende Schauspieler, erinnert sich besonders gerne an das Vorzeigekino „Lichtburg“ (1999 abgerissen), vor allem an Frau Novak, die dort an der Kasse saß und in Króls Nachbarschaft wohnte: „Von ihr habe ich immer Theaterplakate bekommen, die aus Werbezwecken an das Kino geschickt worden waren. Mit diesen Plakaten habe ich damals die grässliche Tapete in meinem Zimmer eliminiert.“

Die „Lichtburg“ war aber nicht nur Kino, sondern auch Schauplatz von Turnwettkämpfen, wie im Jahr 1995, als der Baukauer Turnclub anlässlich des 75-jährigen Bestehens den Herner Turnclub zu einem Vergleich geladen hatten, der für den BTC aber mit einer deutlichen Niederlage endete. Später gab es hier sogar gut besuchte Modenschauen des Textilhauses Sinn und zwei spektakuläre Erstaufführungen: 1972 flimmerte hier Roy Blacks „Kinderarzt Dr. Fröhlich“ über die Leinwand und acht Jahre später gab es erstmals den Revierkultfilm „Theo gegen den Rest der Welt“ zu bewundern. Das Drehbuch dieses Streifens stammte wie schon die Vorlage zum Vorgängerfilm „Aufforderung zum Tanz“ aus dem Jahr 1978 aus der Feder des aus Herne stammenden Autors Matthias Seelig.

Joachim Król ist bekennender Herner, obwohl er längst mit seiner Familie im Großraum Köln lebt. Den Durchbruch als Schauspieler schaffte er in Doris Dörries Film „Männer" an der Seite von Heiner Lauterbach.

Auftritt der weltbekannten „Backstreet Boys" in Herne. Während ihrer Welttournee machte die Gruppe im August 1997 auch Station im Westfalia-Stadion am Schloss Strünkede. 30.000 Fans verfolgten hier den Auftritt der fünf jungen Künstler. ▼

Mister „Marmor, Stein und Eisen bricht" – Drafi Deutscher – zu Gast bei einer gut besuchten Veranstaltung in den 1990er-Jahren in der Herner Bahnhofstraße.

Im Sommer 1997 gab sich der bekannte deutsche Alt-Rock 'n' Roller Ted Herold die Ehre in Herne. Auch er brillierte damals mit seinen alten Hits auf der Bühne in der Bahnhofstraße.

10

Kneipen

Silvesterfeier in der Horsthauser Kneipe „Haus Möller" Ende der 1950er-Jahre. Hier ging es meist sehr familiär zu.

Die kleine Kneipe: das „Goethe-Eck"

Eine Eckkneipe gehörte einfach dazu. Bei uns war es das „Goethe-Eck", während die älteren Semester sich bei „Fegbeitel" (Hermann-Löns-/Mont-Cenis-Straße) trafen. Die jüngere Generation, damit waren damals die Geburtenjahrgänge ab 1940 gemeint, mochte das Ambiente der gemütlichen Kneipe in dem Gebäude, das aus der Gründerzeit stammte. Die altehrwürdige Gaststätte an der Ecke Goethe-/Mont-Cenis-Straße, die auch über eine Kegelbahn verfügte, hatte wohl schon etliche Gastronomen erlebt. Daher war sie, als meine Freunde und ich erstmals die Gaststube betreten durften, noch unter „Haus Fuhrmann" bekannt. Später übernahm hier jahrzehntelang Alfred Bosk die Regie. Danach gab es häufige Wechsel hinter dem kleinen Tresen. Nur die Familie Homann, die aus Marl stammte, setzte sich in den 1970er-Jahren durch. Die gesamte Familie nebst Tochter Monika war hier fast rund um die Uhr im Einsatz.

Auf der Kegelbahn verdiente sich so mancher Freund jener Tage ein wenig Taschengeld. Denn die Kegel mussten noch von Hand aufgestellt werden. Neben einem „Fünfer", was damals viel Geld war, gab es ein Getränk und meist auch ein oder zwei halbe belegte Brötchen als Zugabe. Ich wurde ein oder zwei Mal von Alfred Bosk, dem Wirt der Gaststätte, quasi von der Straße auf die Kegelbahn geholt, weil der etatmäßige Kegeljunge den Termin versäumt hatte.

In der Kneipe ging es oft hoch her. Anlässe gab es genug. So wurde auch ein Sparverein gegründet, der dann einmal im Jahr zur Auszahlung mit großem Essen einlud. Aber auch der Nikolaus tauchte dort auf und beschenkte die Kinder der Stammgäste.

Ja, Stammgäste, da gab es so einige. Ich erinnere mich an Aloys Kühn, einen „Kopfschlächter" am Bochumer Schlachthof. Er war bei allen Gästen sehr beliebt und Sponsor der Thekenmannschaft FC Homann. Die Mannschaft lehrte später so manchem Gegner auf dem Platz das Fürchten und reiste als Gag mit eigener Krankenschwester (Monika Homann) und Masseur (Rainer Moszak) an. Und weil Aloys so spendabel war, durfte der damals 50-Jährige auch für ein paar Minuten für den FC Homann gegen den Ball treten. Margret, eine resolute Kranführerin, die gegenüber der Kneipe wohnte, gehörte in jener Zeit ebenfalls zu den Stammgästen. Vor allem nach der anstrengenden Mittagsschicht nahm sie gerne noch einen Absacker im „Goethe-Eck". Einmal hatte sie wohl zu tief ins Glas geschaut und bestellte sich bei Egon Homann eine leckere Gulaschsuppe. Der Wirt brachte die Suppe wenig später, stellte sie vor Margret auf den Tresen und wandte sich anderen Gästen zu, während die Kranführerin, ohne die verschlafenen Augen zu öffnen, nach ihrem Bierdeckel griff und kräftig hineinbiss. Sie hatte die getoastete Weißbrotschnitte, die zur Suppe gehörte, offensichtlich mit dem Bierfilz verwechselt, was den übrigen Gästen, nicht verborgen blieb. Sie konnten sich das Lachen natürlich nicht verkneifen.

Auch für Neuerungen waren die Homanns zu haben. So bot mein Freund Jochen dort eine Zeitlang an den Wochenenden Diskos an, wofür wir den kleinen Saal in einen Westernsaloon verwandelten. Aber legendär waren die sonntäglichen Frühschoppen. Nach einem Brand in den 1990er-Jahren wurde auch das Ende der Kneipe eingeläutet. Der damalige Wirt, Lothar Kalweit, übernahm danach für einige Jahre die gegenüberliegende „Goethe-Stube". Heute ist das legendäre „Goethe-Eck" längst Geschichte, doch die Kneipengeschichten haben überlebt.

Das „Goethe-Eck" an der Ecke Goethe-/Mont-Cenis-Straße hat in seiner langen Geschichte einiges erlebt.

Die beliebte Wirtin Monika unterhält sich zigarettenrauchend mit ihren Gästen Walter, Heinz, Rudolf und Georg.

Gesellige Runde im „Goethe-Eck".

Herne war die Hochburg der Kegler. Meist trafen sich die „Kegel-Jünger" einmal im Monat, um ihrem Hobby „zwischen Abräumen und Gasse/Rinne" zu frönen.

Abräumen – hochspringen – Kegeljungen hatten es nicht einfach, denn die Kegel, wahlweise aus Plastik oder Holz, mussten von Hand wieder aufgestellt werden. Für die Kegler Freizeitvergnügen – für die Aufsteller harte und konzentrierte Arbeit, die aber mit der finanziellen Aufbesserung des Taschengeldes meist zufrieden für beide Seiten endete.

Zu den Fußballspielen der Thekenmannschaft FC Homann reisten Wirtin Monika als Krankenschwester und Rainer Moszak als Team-Masseur an. Selbst eine echte Krankentrage gehörte in den 1980er-Jahren zur Ausstattung dieser Helfer in Weiß. ▾

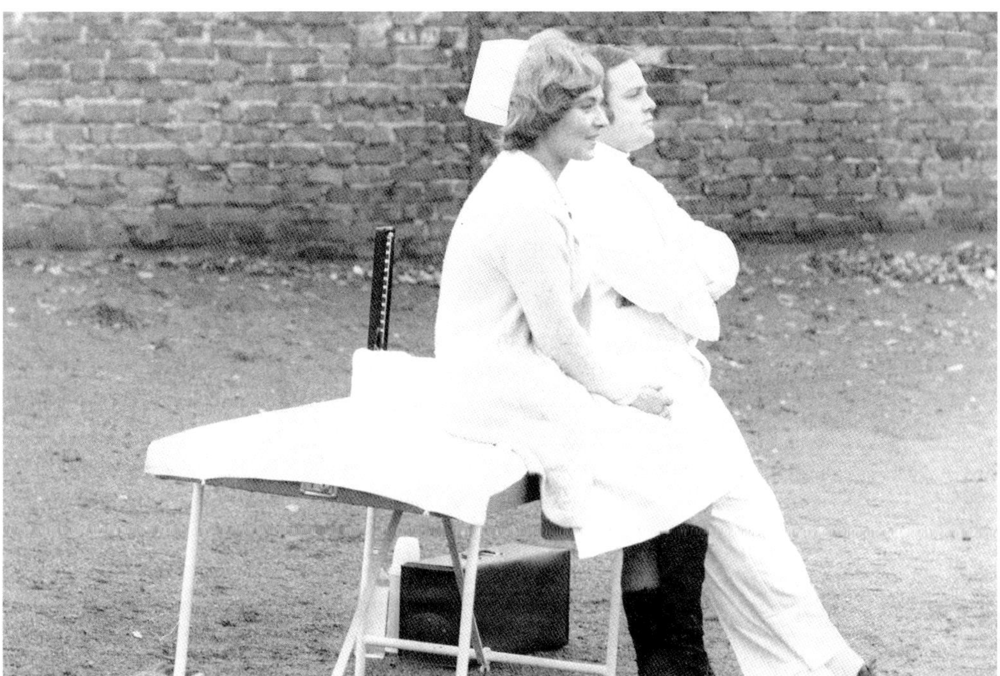

Der Nikolaus nebst Knecht Ruprecht fand in den 1970er-Jahren oft den Weg ins „Goethe-Eck“. Hier gab es während der jährlichen sehr familiären Sparfächer-Auszahlungsfeier auch eine Überraschung für die kleinen Gäste: eine bunte Tüte mit Süßigkeiten.

Blick auf eine Kegelrunde im „Goethe-Eck“. Die Kegelbahn befand sich im Keller des Hauses.

„Hilfe, die SA marschiert wieder …"

Es war ein normaler Dezembertag in Sodingen. Auf dem nahen Pütt, der Zeche „Mont-Cenis", bereiteten sich die Kumpel auf die letzten Schichten vor, denn bald sollte hier der Deckel draufkommen. Auf einmal herrschte große Aufregung im Bereich Händel- und Saarstraße, denn in der Nähe der altehrwürdigen Gaststätte „Haus Ropertz" waren plötzlich einige „Braunhemden" aufgetaucht. Wie selbstverständlich standen die SA-Männer auf der Straße, rauchten, scherzten und unterhielten sich. Der Inhaber der nahen Metzgerei Schlüter bekam es mit der Angst zu tun, rief über die 110 die Hauptwache in Herne-Mitte an: „Hilfe, die SA marschiert wieder in Sodingen …"

Der Notruf wurde dort routiniert zur Kenntnis genommen und eine Wagenbesatzung machte sich umgehend auf den Weg zur Händelstraße, um dem Ganzen ein Ende zu setzen. Doch die Polizeibeamten fanden äußerst gelassene Komparsen vor, denn in der aus dem Jahr 1910 stammenden Gaststätte drehte, wie sich schnell herausstellte, der italienische Regisseur Duccio Tessari einige Szenen für „Das Fünfte Gebot". Es war die Geschichte der Heidger-Brüder, die das Ruhrgebiet mit ihren Überfällen in den 1920er-Jahren in Angst und Schrecken versetzten. In den Hauptrollen waren Peter Hooten, Helmut Berger, Udo Kier und Heinrich Giskes zu sehen.

Die Gaststätte, die sich in einem imposanten wilhelminischen Bau befand und über eine originale Holzvertäfelung im Schankraum sowie ein Jugendstil-Oberlicht im großen Gesellschaftszimmer verfügte, gefiel den Filmemachern auf Anhieb. Hier hatte man jahrelang nichts verändert, es sah im Inneren noch so aus wie damals, als man hier 1912 den später sehr erfolgreichen Fußballclub SV Sodingen aus der Taufe gehoben hatte. Auch als der damalige Besitzer das ehemalige „Hotel Gertrudenhof" nach 1945 in ein Wohnhaus umbauen ließ, wurde die Inneneinrichtung der Gaststätte nicht angetastet.

„Im Saal gab es damals eine filmgerechte Schlägerei, dabei gingen auch einige Stühle zu Bruch – aber es war Filmmobiliar", erinnert sich Helga Wenzel an die Dreharbeiten, die im Dezember 1977 mit viel Aufsehen in Sodingen über die Bühne gingen. Hauptdarsteller Helmut Berger signierte ihr später ein großes Foto, das während des „SA-Aufmarsches" auf der Händelstraße entstanden war, die zur Zeit des Nationalsozialismus „Horst-Wessel-Straße" hieß.

Ende 2015 endete leider die Ära der legendären Sodinger Gaststätte.

Dieses Haus kann Geschichten erzählen: Vereinsgründungen und Dreharbeiten fanden in diesem wilhelminischen Prachtbau an der Händelstraße statt. Von 1910 bis 2015 spielte sich in dem bekannten „Haus Ropertz" ein Großteil des gesellschaftlichen Lebens in Sodingen ab.

Stand lange hinter der Theke des ehemaligen „Hauses Fegbeitel" an der Ecke Hermann-Löns-/Mont-Cenis-Straße: Gastwirt Heinz Fegbeitel. Heute führt Georg Marnass diese Herner Traditionsgaststätte.

Jugendliche Wochenendrunde in Sodingen. In den 1960er-Jahren trafen sich die Jugendlichen gerne in der „Gaststätte Riese" – unweit des Denkmals an der Mont-Cenis-Straße. Die Unterhaltungsmusik kam hier von Schallplatten. ▾

— 11 —

Musik

Maigang mit Musik: Diese sechs Sodinger zog es am 1. Mai in den 1960er-Jahren mit Akkordeonbegleitung in Richtung Langeloh.

Die Teilnahme an der 1.-Mai-Feier gehörte bis zum Ende des Bergbaus im Jahr 1978 zum Pflichtprogramm eines jeden Herner Bergmanns. Für die musikalische Untermalung sorgten, wie hier Ende der 1960er-Jahre, noch echte heimische Bergwerkskapellen. ▲

Dieses jugendliche Quartett aus Sodingen übte seine Lieder mit Gitarrenbegleitung.

Die Beatles lassen grüßen: Dieser junge Mann ist 1964 mit Wandergitarre im Gysenberg unterwegs.

Hausmusik während einer Familienfeier in Sodingen in den 1950er-Jahren.

Gitarrentrio aus Sodingen bei einer Session in den 1960er-Jahren. ▼

— 12 —

Typen

Dr. Alexander von Knorre übernahm 1977 als 33-Jähriger die Leitung des Herner Emschertal-Museums. Inzwischen leitet Dr. Oliver Doetz-Berweger die Einrichtung, er löste Dr. Josef Mühlenbrock ab, der dort bis 2017 tätig war.

Wie das Schiff in die Flasche kam

Die zufällige Begegnung in den 1960er-Jahren sollte die Leben des Eisenwarenhändlers Helmut Landmann und des Ex-Bergmanns Jonny Reinert wesentlich verändern: Jonny Reinert hatte sich einige Zeit in Hamburg herumgetrieben und landete dort sogar im berüchtigten „Santa Fu", der bekanntesten Strafanstalt Deutschlands. Hier entdeckte er eine besondere Fähigkeit, das Bauen von Buddelschiffen. Für Freunde und Bekannte fertigte der ehemalige Kumpel damals die ersten Objekte. In Bochum traf er nach seiner Rückkehr Helmut Landmann, der eigentlich davon träumte, einmal zur See zu fahren. Doch daraus wurde nichts. Der Eisenwarenhändler bot dem 1929 in Herne geborenen Ex-Bergmann eine Stelle als Lagerist an. Die Stelle war eigentlich nur ein Vorwand, denn Reinert baute ab dieser Zeit nur noch Buddelschiffe für den Bochumer, der 1971 sogar ein Museum für die Werke des Herner Künstlers in Neuharlingersiel an der Nordsee eröffnete.

Jonny Reinert war ein Perfektionist und entwickelte ein eigenes Buddelschiffbausystem. Er baute die Schiffe nicht mehr nur in Längsrichtung zum Flaschenhals, sondern auch quer ein und bildete so die Geschichte der Seefahrt in kleinen und großen Flaschen nach. Bald war Reinert als „König der Buddelschiffbauer" Menschen auf der ganzen Welt ein Begriff. „Vom Einbaum bis zum Atom-U-Boot" nannte der ehemalige Hauer der Zeche „Friedrich der Große" seine Serie. Dabei wurden die Flaschen, in denen er seine Schiffe platzierte, immer größer.

Für das Buddelschiffmuseum in Neuharlingersiel stellte Jonny Reinert von 1967 bis 1972 98 unterschiedliche Schiffe her. „Darunter befinden sich auch einige Unikate", erzählt Jürgen Landmann, der seit dem Tod seines Vaters im Jahr 1999 das Museum im „Janssen-Hotel" in Neuharlingersiel leitet. So der „Untergang der Titanic" und die „HMS Victory", das Flaggschiff Admiral Nelsons in der berühmten Seeschlacht von Trafalgar.

Mehrmals überbot Jonny Reinert, der 2004 starb, im Laufe seines langen Buddelschiffbauerlebens seine eigenen Weltrekorde. Zunächst baute er ein altes flämisches Handelsschiff in eine 65 Liter fassende Ballonflasche. Das Schiff, das er in die Flasche brachte, war 47 Zentimeter lang und 37 Zentimeter hoch. Der Rumpf, der durch den vier Zentimeter dicken Flaschenhals passen musste, hatte eine Breite von 17 Zentimetern. Rund 1.800 Stunden saß Jonny Reinert an diesem Modell. Einige Jahre später wagte der „King of Bottleships" einen Rekordversuch. Diesmal ließ sich der Herner eine 129 Liter fassende Flasche – sie wurde sogar mundgeblasen – herstellen und machte sich ans Werk. Das Schiff, das er in diese Buddel brachte, bestand aus verschiedenen Edelhölzern, Messing und Rinderknochen. Reinert entwickelte dabei eine neuartige Technik, sodass sich die Schiffe sogar teilweise im Inneren der Flaschen drehten. Sein Eintrag von 15. September 1985 ins Guinness-Buch der Rekorde hat immer noch Bestand.

In seinen letzten Lebensjahren wandte sich Jonny Reinert verstärkt einem neuen Arbeitsmaterial zu: Er verwendete Rinderknochen zum Bau von einzigartigen Modellen. Dabei benutze der begabte Künstler nicht nur Schnitzmesser, sondern griff auch auf ausrangierte Zahnarztbohrer zurück, denn auch bei seinen „Knochenschiffen" legte Reinert, der heute noch einen sehr guten Ruf in der Szene genießt, großen Wert auf Perfektion.

Jonny Reinert machte sich als Buddelschiffbauer weltweit einen Namen. Reinert (1929–2004), in der Horsthauser Feldherren-Siedlung aufgewachsen, entdeckte seine Leidenschaft zum Bauen von Buddelschiffen während eines Aufenthaltes in Hamburg. Einige seiner Modelle fanden sogar Aufnahme ins Guinness-Buch der Rekorde. In einem Museum in Neuharlingersiel können auch heute noch die Arbeiten des „King of Bottleships" bewundert werden.

40

Willi Schneider aus Sodingen war ein vielseitiger Zeitgenosse. Der gelernte Schmied arbeitete im Untertagebetrieb der Zeche „Mont-Cenis", doch in der Freizeit baute er aus abgebrannten Streichhölzern Schiffe oder Kirchen, züchtete Schäferhunde und betätigte sich so ganz nebenbei in einem ehemals bekannten Herner Ausflugslokal als Kellner.

Der kleine Laden an der unteren Mont-Cenis-Straße war jahrelang das Reich von Gertrud Trinkwald. Während ihr Mann mit Kleinlaster in Herne auf Tour ging und frisches Gemüse und Obst zum Kauf anbot, stand die gelernte Lebensmittelverkäuferin bis zur Erreichung des Rentenalters tagtäglich für ihre Kunden hinter der Theke des kleinen Gemischtwarenladens.

Lokfahrer im Untertagebetrieb: Volker Vogelmann aus Horsthausen absolvierte zunächst eine Schlosserlehre auf dem Bergwerk „Friedrich der Große" und wechselte danach zur Polizei, wo er sich zum Luftfahrer ausbilden ließ. Jahrelang gehörte der Herner danach der Polizeihubschrauberstaffel an, die in Dortmund stationiert war.

Ein „zauberhafter" Pädagoge

Seine Tricks zeigte Alfred Zauskewitz, der 1938 in Sodingen geboren wurde, auf Familienfesten, in Gaststätten, bei Galas, auf Schulveranstaltungen und sogar im Knast. Seit Anfang der 1960er-Jahre gehört der Herner zur Elite der deutschen Zauberer. Dabei nennt er seine Tricks, die er besonders gerne vorführt, „Kartenkunst".

Begonnen hat alles, als der ehemalige Auszubildende der Herner Flottmannwerke in Oberhausen eine Kollegschule besuchte. Dort traf er Udo Hinz, der sich ebenfalls für die Zauberei interessierte. Als Alfred Zauskewitz dann von 1962 bis 1966 an der TH in Aachen die Fächer Maschinenbau und Fertigungstechnik studierte, war er schon ein perfekter Zauberer, der so manchen Zuschauer in Staunen versetzen konnte.

„Einmal haben wir aber gemogelt", verriet der langjährige Pädagoge lachend, der von 1968 bis 2001 an der Herner Berufsschule tätig war: „In Aachen gab es eine Kneipe, in der stand eine Kutsche. Als man uns gegen Mitternacht aufforderte, die Gaststätte zu verlassen, nahmen wir aus Jux ein Wagenrad mit." Das Rad versteckten die Studenten im Gebüsch vor einer bekannten Studentenkneipe in der Kaiserstadt. Hier versuchten es die „abgebrannten Zauberer" mit einem Trick. Sie zettelten nämlich ein zauberhaftes Streitgespräch an. Dabei ging es um das Herbeizaubern eines Wagenrades. „Da staunten die indischen Studenten, die bei uns am Tisch saßen nicht schlecht, als mein Freund schließlich das von mir angeblich herbeigezauberte Rad in die Kneipe trug. Das Bier floss danach reichlich."

Hunderte „zauberhafte" Anekdoten kann Alfred Zauskewitz abrufen. Er war zu Gast bei Großveranstaltungen in der Westfalenhalle, in der Landesvertretung von NRW oder im Zuchthaus von Werl, wo er sein Programm zehn schweren Jungs vorstellte. Bei einem privaten Zauberauftritt in New York lernte er die Malerin Maria Kleinbrandt kennen, die später einmal John F. Kennedy für die Galerie des Weißen Hauses porträtieren durfte.

Viele Dankschreiben und Fotos aus der aktiven Zauberzeit, in der der Herner sein Publikum mit alten und neuen Tricks in Festsälen, Altenheimen, Krankenhäusern und im Freizeithaus des Revierparks überraschte, hat Zauskewitz in mehreren Alben aufbewahrt. Wenn er darin blättert, fallen ihm oft die passenden Geschichten ein. So kündigte Zauskewitz, er war damals frisch gebackener Referendar an einer Essener Schule, den Besuch des Leiters des Amerikahauses zu einer Veranstaltung an. „Doch diese Ankündigung eines Neulings nahm wohl damals niemand so richtig ernst", schmunzelt er. „Als dann sogar der amerikanische Botschafter mit seinem standartenbestückten Dienstwagen auftauchte, stand die Schule und das Kollegium Kopf." Und wenn Zauskewitz damals nicht unterrichtete oder zauberte, war er mit seinem Motorrad, einer BMW, irgendwo im Revier oder in Deutschland unterwegs.

Seine Kartentricks stellte Zauskewitz auch in Funk und Fernsehen vor. Etliche Illustrierte und Zeitungen aus ganz Deutschland berichteten über das ausgefallene Hobby des ehemaligen Dreherlehrlings. Er machte die Zauberei in Herne und Umgebung so richtig populär, rief den „Magischen Zirkel" in der Kanalstadt ins Leben und richtetet bei der VHS den Kurs „Magie und Zauberei" ein. 2003 trat er letztmalig öffentlich auf, doch im kleinen, privaten Kreis greift er auch heute noch gerne auf die Karten zurück, die immer griffbereit liegen.

Zauberer Alfred Zauskewitz mit einem Kartenbild …

… und mit seinem schweren BMW-Krad. ▼

Bergbau ist die große Leidenschaft von Raumausstatter Sworowsky. Im Keller seines Hauses an der Bochumer Straße hat der Herner inzwischen eine beachtliche Sammlung von Bergbau-Erinnerungsstücken zusammengetragen. ▲

Bergbau als Beruf und Hobby: Ernst Gotsch absolvierte zunächst eine Grubenschlosserlehre auf der Zeche „Friedrich der Große", danach verdiente er seine Brötchen bei einem Bergbau-Spezialunternehmen. Nach seiner Pensionierung leitete er unter anderem einen hiesigen Knappenverein und führte Besucher als Ehrenamtler durch das Bochumer Bergbaumuseum.

— 13 —

Sport

Auf zum nächsten Oberligaspiel im Glück-Auf-Stadion in Sodingen. Zu den großen Stützen des SV Sodingen gehörten unter anderem Johann „Hännes" Adamik (links) und Nationalspieler Gerd Harpers (Mitte).

Trainer Wiedmayer (2. v. links) mit Jupp Marx, Leo Konopczinski und Hännes Adamik bei einer Besprechung unter dem MC-Förderturm.

Die glorreichen Sodinger in den frühen 1950er-Jahren. Damals hütete „Gummimann" Alfred Schmidt noch das Tor des SV Sodingen.

Auch der grünweiße Nachwuchs setzte sich in den 1950er-Jahren bereits durch. Trainiert und gespielt wurde aber weiterhin auf dem alten SV-Platz an der Mont-Cenis-Straße. Im Hintergrund erkennt man die Zechenhäuser an der Liebigstraße. Hier wohnte die Sodingen-Legende Hännes Adamik.

Am Stammtisch im „Haus Ropertz": Die Sodinger Fußball-Idole der 1950er- und 60er-Jahre, Hännes Adamik, Hans Artin und Leo Konopczinski (von links).

Die erfolgreiche A-Jugend aus Sodingen um 1960 mit den Zwillingen Gerd und Lothar Hensel und dem späteren Fußball-Lizenzspieler Siegfried Grams (Mönchengladbach/Schalke 04).

In Sodingen reifte Hans Cieslarczyk (rechts, 1938–2020) zum Nationalspieler. Später wechselte der gebürtige Holthauser nach Karlsruhe. „Cissy" absolvierte acht Länderspiele.

Bei Fortuna Herne begann einst die fußballerische Laufbahn von Friedhelm Jesse (vorn). Danach hütete er manchmal das Tor der benachbarten Westfalia. Weitere Stationen des gelernten Bergmannes waren SPORA Luxemburg und der MSV Duisburg. Bei der Westfalia stand der sympathische Sportler im Schatten von Torhüterlegende Hans Tilkowski. Hier warten neben Friedhelm Jesse auch der damalige Torjäger Gerd Clement (links) und Helmut Benthaus in den späten 1950er-Jahren auf den Beginn des Matches im Stadion am Schloss.

Nach seinem Rückzug aus dem Profifußball trainierte der Ex-Torwart Friedhelm Jesse unter anderem eine Mannschaft aus Herne-Horsthausen.

In der erfolgreichen Oberliga-Saison 1959/60 gehörte Horst Wandolek (am Boden) neben dem damaligen Westfalia-Torjäger Gerd Clement zu den besten Stürmern der Liga.

Horst Wandolek (rechts) gehörte jahrelang zu den Stützen des Oberligisten Westfalia.

Nach einem kurzzeitigen Wechsel nach Marl kehrte der Kicker wieder in die Kanalstadt zurück, hier trainierte Horst Wandolek (obere Reihe rechts) verschiedene Teams wie den BV Herne-Süd.

Westfalia Herne gegen die SG Wattenscheid 09. Westfalia-Keeper Bernd Hartmann kann hier in den 1970er-Jahren den Ball per Faust aus dem Herner Strafraum befördern. ▲

Schalkes Jungprofi Bernd Thiele (1956–2017) begann seine Fußballkarriere in Sodingen. 1972 gelangte er über mehrere Vereine im Herner Raum nach Gelsenkirchen, wo er bereits im August 1973 als 17-Jähriger sein erstes Bundesligaspiel bestritt. Aufgewachsen ist der ehemalige Abwehrspieler in Sodingen. Hier wohnte er mit seinen Eltern im Haus über „Klassen & Koch". Das Zimmer des mehrfachen Jugendnationalspielers war natürlich gespickt mit zahlreichen fußballerischen Erinnerungsstücken. Nach seiner Kickerlaufbahn, die er in Hannover beendete, lebte er auf Gran Canaria.

Sportler-Ehrung vor der Schule am Hölkeskampring: Oberbürgermeister Robert Brauner (1907–1992) überreicht Anfang der 1970er-Jahre einen Pokal an einen DSC-Sportler.

Die Elf von BV Herne-Süd (schwarze Hosen) traf in den 1970er-Jahren in einem Auswärtsspiel auf ein Team aus Gelsenkirchen. ▼

HONDA

◄ Erstes Eishockey-Länderspiel in der neuen Eissporthalle im Revierpark. Das Team um Alois Schloder (vorn) und Erich Kühnhackl (dahinter) traf im November 1972 in Herne auf die Mannschaft aus der Schweiz. Das Schloder-Team gewann die Begegnung souverän mit 7:3.

Eduard Klabinski gehörte in den 1940er- und 50er-Jahren zusammen mit seinen drei Brüdern zur europäischen Radsportelite. Geboren wurde Eduard 1920 in Herne. Später startete der Radrennfahrer mit polnischen und deutschen Wurzeln aber für Frankreich. Klabinski, der in seiner aktiven Rennkarriere unzählige Rad-Klassiker bestritt, starb 1997 in seiner neuen Heimat Frankreich.

◄ Motorradartist und Stuntman Jürgen Baumgartner zeigte Mitte der 1980er-Jahren seine Künste während einer Werbeveranstaltung eines Reifenunternehmens, das an der Walter-Bälz-Straße angesiedelt war. Einen Sprung über sieben Kräder nebst Fahrer absolvierte der bekannte Stuntman so ganz nebenbei und völlig unfallfrei.

Ein Verein mit langer Tradition

Kaum war der Turnverein Börnig gegründet, beteiligten sich Aktive bereits an Wettkämpfen. Und Turnbruder Wilhelm Sträter, so berichtete einst der Chronist des Vereins, kehrte als 1. Sieger im Springen aus Dortmund-Kirchlinde zurück. Im Laufe der kommenden Jahrzehnte sollte der Verein noch viele Sieger hervorbringen. Die wechselvolle Geschichte des Vereins begann 1889 in der Gaststätte „Reinert", in der einige Monate später auch die Gründungsversammlung stattfand. Trainiert wurde danach im Saal der Wirtschaft und auf der Hauswiese. Schon 1902 richtete der TV Börnig unter großer Anteilnahme der Bevölkerung das Bezirksfest aus. Als stärkster Mann des Festes wurde Turnbruder Senner geehrt. Er stemmte das vorgesehene Gewicht 35-mal. Wilhelm Sträter, der auch Turnwart des Vereins war, glänzte wie immer im Hoch- und Weitsprung. Auch im Pyramidenbau konnte der TV Börnig bei der Veranstaltung, die auf dem Gelände der Zeche „Mont-Cenis" stattfand, überzeugen.

Mit dem Verein ging es damals rasant aufwärts. So übertrug der Vorstand Gustav Vullriede die Leitung einer Knüppelmusik, die von nun an den Verein bei allen Veranstaltungen begleitete. Während des Ersten Weltkrieges gab es jedoch einen herben Rückschlag. 30 Mitglieder mussten sich den Waffenrock anziehen und 19 von ihnen kehrten nicht zurück. Das 30. Jubiläum wurde mit einem großen Werbeturnen im Volkspark gefeiert. Kurz darauf wurde auf Befehl der französischen Besatzer das Vereinsleben jedoch für einige Zeit unterbrochen, Vereinsbücher wurden verbrannt, Turngeräte zerstört.

1923 war der TV Börnig dabei, als es Wettbewerbe wie Hermannslauf und Kreisfest gab. Später wurden eine Turnerinnen-, Handball-, Tischtennis-, Ringer- und Paddelabteilung gegründet. 1929 erfolgte eine Namensänderung. Der Verein heißt seitdem TV Börnig-Sodingen.

Erneut ging es aufwärts. Als 1933 das 15. Deutsche Turnfest stattfand, machten sich elf Vereinsmitglieder auf den Weg nach Stuttgart. Die Begeisterung war so groß, dass vier von ihnen mit dem Fahrrad ins Schwabenland fuhren, vier mit der Eisenbahn und drei Turner machten sich sogar zu Fuß auf den über 400 Kilometer langen Weg. Es folgten Teilnahmen an Turnfesten in Minden und Breslau. Das Jubiläumsfest im Jahr 1940 wurde kriegsbedingt nur im kleinen Rahmen gefeiert. Trotzdem fand der Turnbetrieb bis 1946 an stetig wechselnden Orten statt. Dann im Januar 1949 ein Neuanfang: Hermann Brinkmann übernahm für 16 Jahre das Vereinsruder.

Der TV Börnig-Sodingen beteiligte sich danach sehr erfolgreich an Meisterschaften auf Bezirks-, Gau-, Landes und Bundesebene. Vor allem die Leichtathleten überzeugten. In diesen Jahren war der TV Börnig-Sodingen sehr oft in der Bestenliste des Verbandes zu finden.

Namen wie Wilhelm Rüping, Karl Preißler und Robert Teichmann sind unvergessen. Von 1991 bis 2014 führte Siegfried Tempel den Verein, der einst von 23 Sportbegeisterten in der heutigen Gaststätte „Zur alten Mühle" gegründet worden war. Der ehemalige Maschinenfahrsteiger Tempel rief 2005 auch die Veranstaltung „Walk in Herne" ins Leben. Diese Trendsportveranstaltung lockt seitdem jedes Jahr mehrere Hundert Walker nach Sodingen, die sich dann auf einen anspruchsvollen Parcours begeben. Aber auch die Geselligkeit kommt beim TV Börnig-Sodingen nicht zu kurz. Feste, Weiterbildungen und Seminare gehören ebenso zum Vereinsleben wie die zahlreichen Übungsstunden der Abteilungen.

Zeltlager in den 1960er-Jahren beim Turnverein Börnig-Sodingen. Vor allem der jugendliche Nachwuchs nahm damals mit großer Freude daran teil.

Abendliche Lagebesprechung im Zeltlager der Sodinger Turnerjugend.

„Wie ist denn das Wetter heute?“ – Zeltlager-Impressionen aus den 1960er-Jahren.

Siegfried Tempel (links, 1947–2014) führte den Sodinger Verein von 1991 bis 2014. Der gebürtige Sodinger war ein vielseitiger Mensch: Maschinensteiger, Sicherheitsingenieur, Musiker und Segler. Bei einem seiner Auftritte hörte sogar der bekannte Revierliedermacher Frank Baier (rechts) fasziniert zu.